La Bataille de la Marne

sur le Front de la 24ᵉ Division (IV Armée)

Récit des Combats qui furent livrés
du 5 au 11 Septembre 1914
dans la Région de Vitry-le-François

DISCOURS

Prononcé par Monsieur le Général DESCOINGS

Ancien Commandant de la 24ᵉ Division d'Infanterie

à Vitry-le-François, le 9 Septembre 1923

à la Cérémonie Commémorative

de la Première Victoire de la Marne

VITRY-LE-FRANÇOIS
IMPRIMERIE GÉNÉRALE, ZR. PETITPAS DE VILLENEUVE
1923

La Bataille de la Marne

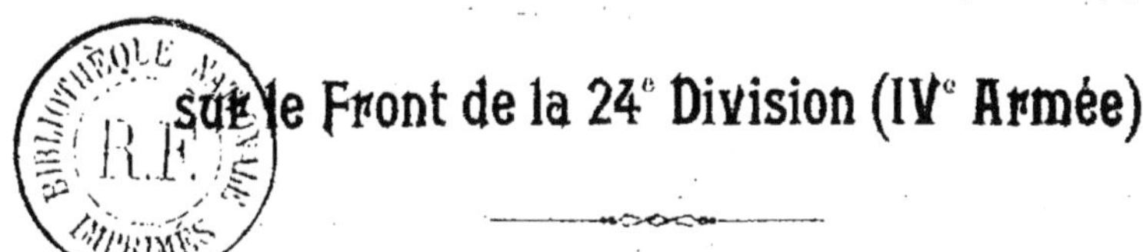

sur le Front de la 24ᵉ Division (IVᵉ Armée)

Récit des Combats qui furent livrés

du 5 au 11 Septembre 1914

dans la Région de Vitry-le-François

DISCOURS

Prononcé par Monsieur le Général **DESCOINGS**

Ancien Commandant de la 24ᵉ Division d'Infanterie

à Vitry-le-François, le 9 Septembre 1923

à la Cérémonie Commémorative

de la Première Victoire de la Marne

VITRY-LE-FRANÇOIS

IMPRIMERIE CENTRALE, 21, PETITE RUE DE FRIGNICOURT

1924

LA BATAILLE DE LA MARNE

Sur le Front de la 24e Division (IVe Armée)

DISCOURS

Prononcé par Monsieur le Général Descoings

à Vitry-le-François, le 9 Septembre 1923

Monseigneur, [1]

Mon Général, [2]

Monsieur le Président, [3] Monsieur l'Archiprêtre,
Mes Chers Camarades,

Mesdames, Messieurs,

En 1919, et chaque année depuis lors, Monsieur le Président du Comité chargé de l'Erection du Monument élevé en l'honneur des Enfants de Vitry, morts pour la France et Monsieur l'Archiprêtre de Vitry, ont bien voulu me convier aux Cérémonies Anniversaires de la Bataille de la Marne et me demander de faire devant vous le récit des événements qui se sont déroulés, au cours des journées du 5 au 11 Septembre 1914, devant Vitry.

Retenu loin d'ici par d'impérieuses obligations de service, je n'ai pu, à mon très vif regret, venir m'associer à l'hommage rendu aux Morts de Vitry.

---

1. Monseigneur Tissier, Evêque de Châlons.
2) Le Général de Langle de Cary.
3) Monsieur Paillard-Metty, Président du Comité d'Organisation.

Cette année, Monsieur l'Archiprêtre, à l'appel des vivants, vous avez ajouté celui si émouvant des Morts : « Vos Morts vous attendent » m'écriviez-vous, comme si vous redoutiez de ma part quelque réserve nouvelle à une invitation que vous saviez faire déjà si pressante. Votre parole, Monsieur l'Archiprêtre, m'a touché au fond de l'âme.

Oui, nos Morts tombés devant Vitry attendent l'hommage qui est dû à leur splendide héroïsme et à leur sublime sacrifice. Vous avez pensé, Monsieur le Président, que l'honneur d'avoir commandé ici me conférait le glorieux privilège d'évoquer la mémoire de nos Grands Morts et de rappeler leurs hauts faits.

Je n'y ai aucun titre.

Seul, le Général de Langle, l'ancien Commandant de la 4ᵉ Armée, a qualité pour parler des troupes qu'ici même il a menées à la Victoire.

Seul, il pourrait rappeler les actions mémorables accomplies par ses ordres et, dans sa haute impartialité, fixer sur elles le jugement de l'Histoire.

L'honneur que vous m'avez fait, Monsieur le Président, Monsieur l'Archiprêtre, en m'appelant à cette Cérémonie, passe bien au-dessus de ma tête. Il s'adresse à tous ceux qui combattirent sous les murs de votre ville et dont la bravoure, l'abnégation et l'esprit de sacrifice, eurent raison de l'obstination et de l'acharnement de l'ennemi et l'obligèrent à reculer. Je vous ai une infinie gratitude de me permettre d'apporter, à tous ceux que j'ai eu l'insigne honneur de commander, le tribut de mon admiration et l'hommage de ma reconnaissance.

Après un hommage très délicat à la vaillance de « l'Evêque de la Marne », le général Descoings continue :

Mon Général, un après-midi de Novembre 1914, à Sept-Saulx, vous m'avez demandé de vous faire faire la visite des premières lignes de la 24ᵉ Division. Nous cheminions sur la route de Prosnes, et nous approchions du poste de commandement du Colonel Jacquot, commandant la 47e Brigade. Vous me parliez du choix que vous aviez dû faire d'un secteur du front pour votre visite ; et, vous arrêtant un instant souriant, vous me dites : « Je suis venu ici rendre hommage à Vitry ». J'en fus profondément ému. Quel plus haut témoignage que celui ainsi apporté par le Commandant de l'Armée aux Officiers et aux soldats de la 24e Division ! Vous avez parcouru les lignes établies, au-delà de la Voie Romaine, sur le glacis des Monts, poussé jusqu'aux postes d'écoute, jusqu'aux points où, au-delà, il n'y avait plus que « l'autre » ! Par cette nuit splendide, vous avez pu lire sur le visage des hommes leur joie profonde de vous voir au milieu d'eux, leur reconnaissance du réconfort, que, par votre présence, vous leur apportiez. Chaque année, vous avez tenu à venir à Vitry renouveler l'hommage du Commandant de l'Armée aux soldats de la 24e Division et des glorieux Régiments, 107e, 300e et 320e R. I., 21e et 52e d'Artillerie de campagne, du 2e Régiment d'Artillerie lourde qui lui étaient rattachés.

Qu'il me soit permis, mon Général en leur nom à tous, de vous adresser l'hommage de notre respect et de notre reconnaissance.

Pour moi, qui vous dois tout, qui ai reçu de vous tant de marques de votre particulière bienveillance, je me sens incapable de vous exprimer assez tout ce que j'éprouve pour vous de respect, de dévouement, d'affection et de reconnaissance.

MESSIEURS,

Vous m'avez demandé d'exposer les phases de la bataille livrée, gagnée devant Vitry : d'en fixer les traits essentiels, d'évoquer l'héroïsme de nos Soldats et d'en retracer les exploits.

Jamais je n'ai mieux senti, qu'aujourd'hui, ma faiblesse devant pareille tâche. Qui donc, pourrait trouver les mots pour glorifier assez ceux qui sont morts pour que la France vive ? Jeunes et vieux, Soldats des Régiments Actifs, de Réserve ou de Territoriale, Fantassins et Cavaliers, Artilleurs et Sapeurs, Soldats du Train, de tous les Corps, Etats-Majors, et services des 23ᵉ et 24ᵉ Divisions, de l'Artillerie de Corps du 12ᵉ Corps d'Armée, de l'Artillerie Lourde de la 4ᵉ Armée, des Régiments détachés du 2ᵉ Corps d'Armée ; tous ont accompli des prodiges d'héroïsme. Ils sont venus marquer ici, de leur sang, la ligne que l'Etranger ne devait jamais franchir. Ils ont ajouté, à l'Histoire de leurs Régiments, des pages de gloire et inscrit sur leurs Drapeaux les noms fameux de la Marne, du Mont Moret. A ceux que j'ai tant aimés, à ceux que j'ai la fierté d'avoir commandés, va l'hommage de ma reconnaissance et le tribut de mon admiration.

Quels étaient donc ces soldats de la Marne qui, à Vitry, en ces jours tragiques, ont fait de leur corps une digue au flot de l'invasion.

Gars solides de la Marche et de l'Angoumois, du Périgord et de la Guyenne ; « Fiers Gaillards » du Limousin, rompus aux marches et aux travaux en pays couvert ou accidenté, à l'esprit vif, au caractère ferme, ils se rattachaient par leurs traditions les uns au pays de Langue d'Oc et les autres aux régions de la Langue d'Oïl.

L'union étroite, l'esprit de corps obtenus chez ces Soldats, étaient le symbole de l'unité française.

Ils faisaient la Guerre depuis un mois à peine. Victorieux en Belgique, à Névraumont, à Rossart, ils avaient dû se lier au mouvement général de retraite de nos armées.

Ils se battent tous les jours et marchent toutes les nuits : sur la Chiers à Carignan, sur la Meuse, devant Mouzon, sur le canal des Ardennes, à Voncq, ils arrêtent l'ennemi qui devant eux se retire. Ils le contiennent sur la Py, à Somme-Py et à Sainte-Marie à Py, le lendemain, à Saint-Etienne-au-Temple, puis le 4, au Signal des Mottes, au nord de la Chaussée-sur-Marne.

En quel état sont-ils ? En traversant Châlons, où la 47ᵉ Brigade arrivait en pleine nuit, dans une ville déserte et silencieuse, les hommes tombaient par grappes ; dans la minute qui suivait la chute, ils s'endormaient profondément, sans avoir eu la force, l'idée même de dénouer leur sac.

On atteint la Place de l'Hôtel de Ville ; on s'arrête pour prendre un guide. Les hommes s'écroulent sur les marches, sur les trottoirs, insensibles aux encouragements, aux exhortations. On reprend la marche jusqu'au jour, sur la route de Pogny ; les Officiers dépensent des efforts inouïs pour grouper les hommes, les pousser en avant, les empêcher de se coucher à toutes les pauses contre les meules de blé en bordure de la route, où ils tombent sans volonté de réagir. Au-dessus d'eux, dominant sa troupe de toute son énergie, le Chef, le Colonel Jacquot, se multipliant, se montrant partout, prodiguant les encouragements, relevant les courages, maintenant quand même les unités cohérentes et disciplinées.

A l'est de la route suivie par la 47ᵉ Brigade, cheminent les éléments de la 23ᵉ Division. Le Bataillon Campagne (3ᵉ du 107ᵉ) après avoir couvert Vitry au Nord, traverse le dernier la ville avec un peloton du 21ᵉ chasseurs. Il venait de dépasser Frignicourt vers le Sud, lorsque le Général Chéré, commandant la 46ᵉ Brigade donne l'ordre de s'arrêter ; le Général emmène le Colonel et le Commandant sur le bord d'un fossé, s'assied sur le talus pour dicter ses ordres ; la fatigue de tous était telle que le Commandant Campagne, appuyé contre un poteau télégraphique, s'endormit debout tandis que le Général Chéré parlait. Le Général, surpris, s'arrête : ce silence réveille le Commandant ; le Général et le Colonel le regardaient d'étrange façon : « Voici, dit alors le Colonel Royé, voici l'homme le plus énergique de mon Régiment, et voilà l'état où il est. Et vous voulez qu'ils se battent ? »

Oui, c'est à ces soldats, épuisés par les privations et les

fatigues que le Commandant en chef demandait le suprême effort de la bataille. Alors un frémissement passe, les têtes se redressent, les poitrines s'ouvrent, les cœurs battent, les yeux brillent : chacun sent que le destin de la Patrie va se jouer au jour qui se lève. Tous ont fait le sacrifice de leur vie ; la confiance est entière : « ils ne passeront pas ».

L'illustre Maréchal qui a eu la prescience de la grandeur des forces morales intactes dans le cœur de ces hommes, et a su prendre d'une froide résolution la pesante responsabilité de lancer ses troupes à l'offensive, en sera loué à jamais dans l'Histoire : *La Bataille de la Marne allait commencer.* Des rives de l'Ourcq à celles de la Meuse va se livrer la plus gigantesque bataille de tous les temps : deux peuples entiers se heurtent ; le sort de la bataille décidera de leur existence, plus même, de la liberté dans le monde.

La bataille se présente dans ses grandes lignes sous la forme d'une action de front menée par les IVᵉ et IXᵉ Armées de Vitry à Montmirail, et de deux actions de flanc : à droite par la IIIᵉ Armée qui s'appuie au camp retranché de Verdun ; à gauche par l'ensemble des Vᵉ, VIᵉ Armées Françaises et de l'Armée Anglaise, d'Esternay au Nord-Est de Meaux. Entre ces pôles extrêmes, l'Ourcq et Verdun, la IXᵉ Armée, à Fère-Champenoise, et la IVᵉ devant Vitry, en seront les piliers indestructibles. Le 12ᵉ Corps d'Armée, dont la majeure partie de l'Infanterie a été évacuée par voie ferrée vers la région de Gigny, Chavanges, Brandonvillers, ne peut aligner au sud de Vitry qu'une arrière-garde de quelques bataillons qui, restée en état de combattre, encadre l'artillerie du C. A. Cette arrière-garde se compose des 107ᵉ et 108ᵉ R. I., de deux groupes d'artillerie (21ᵉ et 34ᵉ Régiments), de deux escadrons Divisionnaires et du 21ᵉ chasseurs (3 escadrons). Ces troupes qui ont quitté le 5 Septembre à minuit La Chaussée-sur-Marne et le terrain à l'est se retirent, le 107ᵉ et un groupe d'artillerie à l'est par la route de Paris à Vitry, Frignicourt, Arzillières, le 108ᵉ et un groupe d'Artillerie par Ablancourt, Soulanges, Pont de Pringy et la route de Brienne : au matin elles stationnent dans la région de Chatelraould, Frignicourt. A 9 heures 3o, toutes ces troupes sont mises sous les ordres du Général Commandant la 24e Division (1), à leur gauche, la 9e Division de cavalerie, couvrant le 17e C. A. très fatigué, qui déjà atteint l'Aube avec ses gros ; (plus à l'Ouest, dans la région de Fère-Champenoise, se trouve la IXe Armée, Général Foch). A leur droite, le C. A. colonial doit établir en fin de marche ses arrière-gardes au sud du canal de la Marne au Rhin. (Au-delà du C. A. colonial, la 2e C. A. et la IIIe A., Général Sarrail.)

LE CHAMP DE BATAILLE.

Un pays ondulé, avec ces reliefs adoucis typiques que présentent les mouvements de terrain craveux : peu de bois, pas d'abris naturels.

La zone assignée à la 24e Division s'étend à l'Ouest de la Marne. Elle est traversée du Nord au Sud par la route de Châlons à Brienne, par Blacy, Chatelraould, le Signal d'Arzillières ; sur le front, le ruisseau de Courdemanges coule au Nord du Village du même nom.

Au Nord du ruisseau, Huiron, près de la voie ferrée de Vitry à Sompuis ; au Sud de Courdemanges et du Bois de Montilleux, le terrain s'élève en pente douce jusqu'à la crête coté 13o, Château de Beaucamp, Chatelraould ; à l'est de la route de Brienne et à égale distance de Courdemanges et de Chatelraould, se dresse, à 153 mètres la colline du Mont-Moret (2).

Les pentes, raides sur les versants N. et E., sont plus douces vers le Sud. Du sommet, deux croupes allongées se détachent vers l'Ouest, l'une vers Courdemanges, l'autre

---

(1) Général Descoings.
(2) Le Mont-Moret est situé sur le territoire de la Commune de Courdemanges.

vers Chatelraould. Le Mont-Moret constitue un observatoire d'une telle importance que l'ennemi fera des efforts énormes pour s'en emparer, mais échouera devant l'héroïque résistance des nôtres qui seront « les vainqueurs du Mont-Moret ».

JOURNÉE DU 5 SEPTEMBRE.

La journée du 5 Septembre est consacrée aux reconnaissances et à la mise en place des troupes.

Le Général commandant la 24e Division a reçu l'ordre de faire face au Nord et d'organiser le front Courdemanges, Frignicourt. Il est averti qu'il ne doit compter à aucun moment sur un renfort : la 24e Division doit tenir avec ses seules et propres forces.

Le Général commandant la Division fait organiser la défense :

Le 107e, placé en première ligne, établit ses avant-postes sur la ligne Glannes, Huiron, Frignicourt ; le gros du Régiment s'installe au Sud du ruisseau de Courdemanges qui marque, à partir du Moulin de Crocheret, la ligne de résistance du détachement.

La réserve comprend une compagnie du 100e, rassemblée dans Courdemanges, et le 108e échelonné entre Chatelrould et Saint-Louvent.

L'Artillerie organique de la 24e Division procède à des reconnaissances de positions entre Blaise-sous-Arzillières et Chatelraould (Groupe du 34e à l'est de Chatelraould, Groupe du 21e à l'ouest du village).

A droite, le Corps colonial tient avec un Régiment la zone Ferme du Mont-Moret, Blaise-sous-Arzillières, Bignicourt.

A gauche, le détachement commandé par le Général commandant la 24e Division n'est appuyé à aucune troupe ; il est seulement éclairé par la Cavalerie. Devant lui, l'ennemi occupe la région Châlons, Somme-Vesle, Saint-Amand-sur-

Fion, Pogny. Dans la matinée, l'Aviation, la Cavalerie signalent la marche de ses colonnes vers le Sud.

Le soir, elles atteignent Vitry-le-François. La cavalerie allemande, soutenue par l'artillerie qui bombarde les villages garde le contact et tente d'enlever Frignicourt. Elle échoue devant la belle défense des compagnies du 107ᵉ.

La nuit du 5 au 6 se passe sans incidents.

Les journées des 6 et 7 Septembre sont celles de la Bataille de Courdemanges.

JOURNÉE DU 6 SEPTEMBRE.

Le Dimanche 6 Septembre, dès le lever du jour, les reconnaissances de Cavalerie lancées en avant des avant-postes se heurtent sur le front de Blacy, Vitry à l'ennemi, en marche vers le sud.

À 6 heures 35 ; le combat s'engage devant Frignicourt, et progressivement le feu s'allume de l'Est à l'Ouest. En même temps, Courdemanges, Chatelraould et les positions arrière sont soumis à un violent bombardement.

Dès le début de la matinée, l'Artillerie de corps du 12ᵉ C. A. puis l'Artillerie lourde de l'Armée sont placées sous les ordres du Général commandant la 24ᵉ Division : l'Artillerie de corps met ses groupes en Batterie à l'Est et à l'Ouest de Chatelraould ; l'Artillerie lourde s'installe à la côte 158, au Sud de Mont-Moret : le Général Bapst. commandant l'Artillerie du C. A. prend le commandement de l'ensemble des batteries.

Vers 9 heures 50. les avant-postes. très vivement attaqués par des forces supérieures. se replient sur la ligne de résistance du détachement. Ils sont suivis par l'ennemi. et la lutte reprend. ardente. sur le ruisseau de Courdemanges. Le combat se poursuit avec une rare violence : les Allemands s'efforcent d'enlever la position de Courdemanges que le 107ᵉ leur dispute avec succès. Les pertes sont lourdes.

Vers 15 heures. l'ennemi étend son action sur la gauche

— 12 —

du 107e et la situation devient si critique devant le Moulin de Crocheret, que le Lieutenant-Colonel Royé rend compte que, s'il n'est pas promptement appuyé, il sera débordé et refoulé vers le sud. Une, puis deux compagnies du 108e sont aussitôt dirigées vers le mamelon cote 130 (S. O. de Courdemanges).

Au centre et à droite, la situation n'est pas moins critique : beaucoup d'hommes, beaucoup d'officiers sont tombés et nos vaillants fantassins, si bien appuyés qu'ils soient par les feux rapides et précis de notre Artillerie, soumis à un effroyable bombardement, plient sous l'avalanche de fer qui les accable, et perdent Courdemanges et Frignicourt. Les gains de l'ennemi se bornent à la conquête de ces deux points d'appui chèrement achetés. Nos pertes aussi sont lourdes : au seul groupe du 21e R. A., les 4e et 5e batteries ont perdu chacune plus du tiers de leurs batteries de tir. Il est 18 heures : épuisé, l'ennemi s'arrête et cesse ses attaques. A ce moment ; les têtes de colonne du 17e C. A. débouchent des Bois du S. O. Le 108e reçoit la mission de reprendre Courdemanges.

En confiant au Colonel Aurousseau la noble, mais rude mission, d'assurer la défense du front, le Général commandant la 24e Division a simplement rappelé l'ordre du Général en chef et exprimé une pleine et entière confiance dans le 108e.

Le Colonel Aurousseau lui répondit : « Mon Général, nous mourrons tous s'il le faut, mais ils ne passeront pas. »

A 20 heures, le village était réoccupé : le Commandant du 108e pousse des éléments avancés jusque dans Huiron.

Ainsi la situation, le soir, est entièrement rétablie à l'Ouest de la Marne.

JOURNÉE DU 7 SEPTEMBRE.

Le 7, dès le lever du jour, les patrouilles signalent l'approche de l'ennemi. La cavalerie allemande apparaît au

Nord de la Ferme du Cul de Sac et deux fortes colonnes d'infanterie s'avancent en direction de Huiron. Courdemanges. L'Artillerie allemande entre en action.

La défense de la position principale est assurée au 108ᵉ par deux Bataillons, l'un dans Courdemanges et abords avec une compagnie à Huiron, l'autre à cheval sur la route Chatelraould. Vitry à hauteur de la ligne Ferme de Montilleux, cote 153, Mont-Moret. Le dernier Bataillon du 108ᵉ est en réserve dans le thalweg débouchant immédiatement aux dernières maisons, nord de Chatelraould. Les Coloniaux le prolongent à sa droite, et occupent le Mont-Moret.

Le 107ᵉ se reforme dans Saint-Louvent (5 heures 30).

A 6 heures, Huiron est attaqué par un Bataillon ennemi très rapidement renforcé. Le combat s'allume progressivement sur tout le front et revêt, en quelques instants, un caractère de rare violence : toutes nos positions, de l'avant à l'arrière sont soumises à un bombardement intense qui inflige aux défenseurs des pertes terribles sans parvenir à les ébranler.

A Huiron. la 10ᵉ compagnie du 108ᵉ est commandée par un Adjudant-Chef. qui est blessé à 8 heures. La compagnie. privée de commandement. livrée à elle-même. résiste opiniâtrement ; finalement débordée. elle est obligée d'abandonner le village.

A 11 heures. l'aviation signale de fortes colonnes ennemies marchant à la bataille.

Devant Courdemanges. la bataille croît en violence : le Général commandant la 24ᵉ Division organise pour le 107ᵉ une position de repli sur la croupe du Château de Beaucamp, les lisières Nord de Chatelraould et la croupe à l'Est du village. ainsi que la lisière Nord des boquetaux de Saint-Louvent. Un Bataillon du 78ᵉ et la 48ᵉ Brigade dirigés sur Bussy-aux-Bois. sont mis à sa disposition.

Jusqu'à 14 heures. les Allemands attaquent sans arrêt les positions du 108ᵉ sans pouvoir les entamer. C'est à l'O.

du village que l'ennemi est le plus pressant : l'élan de l'adversaire qui attaque furieusement est chaque fois brisé par nos feux et l'ennemi obligé de reculer devant nos contre-attaques. La 11ᵉ compagnie, épuisée par cinq contre-attaques successives. ne compte plus que 50 hommes ; elle est renforcée par la 2ᵉ compagnie.

La 12ᵉ compagnie installée dans le parc du Château. résiste victorieusement toute la matinée et fait des prisonniers à l'ennemi.

Vers 14 heures, l'ennemi reprend l'attaque avec la plus grande intensité. Le bombardement de nos positions n'a pas cessé.

Les pertes, surtout en cadres, sont énormes ; des fractions ennemies réussissent à pénétrer dans le parc du Château : la situation est très critique.

Le 2ᵉ Bataillon reçoit l'ordre de contre-attaquer et de chasser l'ennemi du parc de Courdemanges. L'attaque, bien préparée est brillamment menée. L'ennemi est rejeté hors du parc et laisse une trentaine de prisonniers entre nos mains.

Le Bataillon du 78ᵉ est dirigé sur la côte 130 (S.-O. de Courdemanges) sur laquelle l'ennemi prononce un effort particulièrement intense : la violence du feu croît sans cesse, l'importance des pertes également.

Le 108ᵉ tient sur les positions du matin. mais il est si usé qu'un Bataillon du 107ᵉ doit être porté en avant en soutien de sa gauche. Toute la zône de combat ainsi que ses arrières sont battus d'une façon intense ; les communications deviennent impossibles ; la route Les Rivières. Chatelraould, Courdemanges n'est plus accessible. Pour parer à une rupture du front, la 48ᵉ Brigade mise à la disposition du Général de Division est poussée de Bussy-aux-Bois. jusqu'à hauteur de Les Rivières-Henruel.

A gauche, la 33ᵉ Division d'Infanterie du 17ᵉ C. A. se porte en avant et attaque à cheval sur l'axe :

135 (2 km. Sud-Ouest ferme du Cul-de-Sac) ;
186 (Ouest de Huiron) ;
189 (Ouest de Blacy) :

La lutte se poursuit ainsi jusqu'à 19 heures, sans que la furie allemande puisse vaincre la tenacité française.

Le 108e par son indomptable énergie et l'élan irrésistible de ses contre-attaques avait su conserver intacte la position qui lui avait été confiée.

La nuit tombe enfin et l'ennemi met un frein à ses attaques. Les avant-postes solidement établis sur la ligne ferme du Cul-de-Sac, Croupe 130 (78e Régiment) Ruisseau de Courdemanges, Mont-Moret, Croupe 153 (108e) couvrent le 107e à Chatelraould et Saint-Louvent et la 48e Brigade, dans les Rivières-Henruel et Sainte-Thérèse.

Ainsi pendant deux jours entiers, 6 Bataillons d'Infanterie soumis à un feu d'enfer avaient arrêté les furieux assauts de plusieurs divisions allemandes. Leurs pertes étaient lourdes.

Au cours de ces rudes journées l'Artillerie de campagne et l'Artillerie lourde rivalisèrent d'héroïsme avec l'Infanterie. Les Artilleurs, malgré le tir écrasant des nombreux obusiers allemands restent stoïques à leur poste. Les batteries harcèlent les troupes assaillantes de première ligne et contrebattent les batteries ennemies ; admirable défense au cours de laquelle le courage et la bravoure déployés par les Soldats, la maîtrise et l'abnégation montrées par les Chefs étaient bien faits pour remplir les cœurs de fierté et d'espérance.

JOURNÉE DU 8 SEPTEMBRE.

La journée du 8 devait marquer le moment critique de la bataille sur notre front. A 4 heures du matin les Allemands déclanchent une attaque par surprise sur notre gauche. Les avant-postes sont refoulés, la Côte 130 est perdue.

L'ennemi suit et arrive aux murs du parc du Château de Beaucamp.

Le Colonel Jacquot n'a plus qu'une compagnie, la compagnie de Sarrau du 108ᵉ.

Son Officier d'Etat-Major, le Capitaine, depuis Colonel Lafforgue, officier d'une incomparable énergie et d'une merveilleuse bravoure, entraîne lui-même la compagnie au pas de course et la conduit vers le Château de Beaucamp, pour enrayer les progrès de l'ennemi. Accueillis par un feu d'enfer, les hommes ne peuvent plus avancer. Ils s'arrêtent, se retranchent sur place. Leur Chef reçoit du Capitaine Lafforgue l'ordre de tenir là, coûte que coûte, sans esprit de retour en arrière, quelle que soit la situation.

Pendant ce temps, le Colonel Jacquot avec son énergie indomptable parvient à regrouper le bataillon du 78ᵉ et à le relancer à l'assaut de la côte 130.

L'ennemi n'en peut être chassé, on s'accroche aux pentes, on s'y retranche. L'ennemi surpris et abusé par ce retour offensif nous croit plus forts que nous ne sommes. Au lieu de pousser de l'avant, il s'arrête et se retranche. Le combat se stabilise.

Le Colonel Jacquot rend compte à la Division et demande qu'on lui envoie tout ce qu'on pourrait, puis se tournant vers son Officier d'Etat-Major : « Voilà. Nous avons fait tout ce que nous pouvions. Si ces gens-là poussent de l'avant, nous n'aurons plus, vous et moi, qu'à nous mettre en travers de la route et à nous faire tuer sur place. »

A 7 heures, grâce au concours de l'Artillerie, l'ennemi était définitivement fixé de ce côté ; mais il fallait reprendre la côte 130 et pour cela renforcer le 78ᵉ.

Le mouvement de repli du 78ᵉ découvrait complètement Courdemanges. Au centre, vers 4 heures, une reconnaissance (envoyée par la 1ʳᵉ compagnie) revient talonnée par l'ennemi. Peu après, une violente fusillade éclate et les avant-postes de combat du 1ᵉʳ Bataillon sont refoulés. Le

108ᵉ ne tarde pas à être attaqué sur toute la lisière du village, le 1ᵉʳ Bataillon défend la partie Ouest du village, le 3ᵉ, la partie Est, à partir du Château inclusivement. (Les 11ᵉ et 12ᵉ compagnies sont en réserve).

A l'Ouest du Parc et au prix d'efforts héroïques on parvient à contenir l'ennemi.

Au Nord, l'unique section de mitrailleuses du régiment (en position aux abords de la route de Courdemanges à Huiron), interdit tout accès par le Nord. A l'Est du Parc, la lutte est encore plus vive. L'ennemi fait de ce côté son principal effort. La liaison avec les éléments extrêmes du Corps colonial qui se sont étendus vers l'Ouest au-dessus de la Ferme du Mont-Moret existe, mais incomplète, et le 108ᵉ est en flèche.

Dans ces conditions, les unités découvertes sur leur droite, et attaquées avec la plus grande vigueur dans un terrain difficile sont obligées de se replier.

Le 3ᵉ Bataillon du 108ᵉ (moins la 12ᵉ) s'établit auprès du 2ᵉ Bataillon dans le Thalweg débouchant aux dernières maisons de Chatelraould. Pour dégager la partie Est et le centre de Courdemanges, une contre-attaque est tentée par les deux rives de la Chéronne. Elle échoue.

Le 1ᵉʳ Bataillon, après avoir tenu plus de 6 heures à Courdemanges, en se repliant par échelons, a pu se dégager et rallier, en utilisant le lit de la Chéronne, le 2ᵉ Bataillon. Vers 10 heures, Courdemanges est tombé en entier aux mains des Allemands.

La perte de la croupe 130 et de Courdemanges qui constituaient la gauche et le centre de l'ordre de bataille est sensible. Il faut, à tout prix réoccuper ces points d'appui.

Le 7, la 48ᵉ Brigade et le 326ᵉ avaient été mis à la disposition du Général commandant la 24ᵉ Division d'Infanterie.

Le 126ᵉ qui a cantonné le 7 à Henruel en part le 8, à 6 heures du matin. Un Bataillon occupe la lisière nord de

Chatelraould, en échelon en arrière et à droite du 108e à l'est de la route de Vitry.

Un Bataillon est envoyé au Mont-Moret. Le dernier Bataillon reste en réserve, puis est dirigé vers la gauche pour prolonger le 108e et le relier au 17e C. A.

Le 100e s'avance de Gigny-aux-Bois jusqu'à l'Ouest d'Henruel où il stationne en réserve de Division.

À droite le Bataillon du 126e envoyé au Mont-Moret, écrasé par les feux d'Artillerie dévale les pentes. Ordre est donné au Commandant du Bataillon de se reporter sans perdre une minute au Mont-Moret. L'ordre est exécuté mais le Bataillon ne pourra s'y maintenir.

À gauche le 17e C. A., fait appel à l'intervention de la Division pour soulager son infanterie, soumise aux feux écrasants d'une nombreuse Artillerie que l'aviation a repérée vers le tunnel, Ouest d'Huiron.

À droite, les éléments extrêmes du Corps Colonial, poussés sur le plateau au-dessus de la Ferme du Mont-Moret sont également écrasés par les feux.

Vers 10 heures, l'ennemi est maître du Mont-Moret.

Ainsi toutes les solides positions que notre infanterie occupait depuis le 5 Septembre et qui couvraient celles de l'artillerie, sont tombées entre les mains des Allemands.

La situation est très grave.

Dans la matinée, le Général commandant la 4e Armée, était venu, comme chaque jour, au poste de commandement du Général commandant la 24e Division, au Signal d'Arzillières. De ce point, la vue très étendue portait à l'est jusque sur le Front de la 3e Armée, et s'étendait à l'ouest, au-delà de la zône d'action du 17e Corps d'Armée, vers celle de la 9e Armée.

Dans le ciel bleu, sans nuages, de ces journées, les éclatements des projectiles décelaient, à nos yeux, l'avance ou le recul du Front.

« Tenez », disait chaque jour le Commandant de l'Armée au Commandant de la Division. « Oui. mon Général, nous tiendrons, mais les pertes sont lourdes. »

« Tenez », reprenait, en ce matin du 8, le Commandant de l'Armée, la manœuvre est à gauche par le 21ᵉ C. A.. à travers le camp de Mailly.

— « Oui, mon Général ; nous tiendrons, mais hâtez la manœuvre. »

— « Ici, c'est infiniment dur. Les pertes sont considérables. »

Après un moment de silence, grave, et scandant les mots, « Descoings, me dites-vous, je vous demande de tenir ici, qu'on se fasse tuer sur place ; qu'on ne recule pas d'une semelle. »

— « C'est bien, mon Général, ai-je répondu, nous nous ferons tuer ici. Nous ne reculerons pas d'une semelle. ».

Il était alors 9 heures 30.

L'heure, la minute, les paroles sont gravées pour toujours dans ma mémoire, comme je garde dans les yeux l'expression grave et ferme de votre visage.

J'ai transmis immédiatement à tous les Chefs de Corps la demande de sacrifice total que vous veniez de m'adresser.

Le Colonel Aurousseau, qui commandait le 108ᵉ à Chatelraould me répondit comme moi-même je l'avais fait : « Nous nous ferons tuer ici, nous ne reculerons pas d'une semelle. »

Le valeureux Soldat devait tenir parole.

Devant la gravité de la situation, chacun songe, à l'appel du généralissime, à la demande du Commandant de l'Armée. Les énergies se tendent à nouveau pour tenir encore, tenir toujours.

Le Général commandant la Division prend ses dispositions pour la reprise du terrain perdu.

Le 326ᵉ est porté de Lignon sur les Rivières où il passe à la disposition du Général de Division. Le 100ᵉ s'avance de Gigny-aux-Bois jusqu'à l'ouest d'Henruel.

A 11 heures, est prise la décision d'organiser une nouvelle position de résistance sur le Front marqué par les fermes des Grandes et des Petites Perthes, et l'Etang des Herbois (Nord-Ouest de Les Rivières).

A la même heure, l'attaque lancée contre le Front côte 130, Courdemanges et à laquelle prennent part, deux bataillons du 126e échoue.

Nos troupes accablées se maintiennent difficilement sur la lisière nord de Chatelraould. Le 2e Bataillon du 126e, dernière réserve du Général Jacquot a du être dirigé vers les pentes du Mont-Moret, sur lequel l'infanterie ennemie progresse, menaçant gravement notre artillerie.

La situation devient des plus critiques.

Il y a un grand vide dans la ligne de bataille. L'ennemi maître du Mont-Moret, s'avance comme un coin entre la 24e Division à Chatelraould et le Corps colonial dans la plaine à l'est de la Ferme de Mont-Moret. Du Mont-Moret, l'ennemi prend à revers la ligne de défense et menace gravement notre artillerie.

Il faut à tout prix reprendre le Mont-Moret. Ordre est donné au centre et à gauche, de tenir jusqu'au dernier homme à Chatelraould et au Château de Beaucamp, pendant que le 326e, en marche depuis l'aube de Lignon sur Gigny-aux-Bois et les Rivières reçoit, à 15 heures 30, la mission de « s'emparer, à tout prix, du Mont-Moret et de s'y maintenir coûte que coûte. » Cet ordre, très simple, est donné directement par le Général de Division au Commandant Larrieu, commandant le 326e

Ceux qui connaissent le Mont-Moret, peuvent se rendre compte des difficultés qu'il a fallu vaincre pour s'emparer d'une position aussi importante convoitée par les deux adversaires.

Le Capitaine David de l'Etat-Major de la 24e Division est envoyé par le Général pour guider le 326e. Une attaque par les crêtes n'aurait aucune chance d'aboutir. Deux compagnies seulement sont portées sur le plateau. à la côte 158, pour masquer le mouvement alors que l'attaque sera poussée de Blaise-sous-Arzillières par la vallée afin de profiter des nombreux couverts.

La préparation de l'artillerie est parfaite. Le bombardement du Mont-Moret par le 75 et le 105 Rimailho à tir rapide est tel que les prisonniers allemands en firent des relations stupéfiantes.

Le 326ᵉ s'élance pour l'attaque. il progresse en échelon ; utilisant les haies et les fossés. On avance rapidement. A 18 h. 30 les deux 1ʳᵉˢ Compagnies du 326ᵉ occupent le Mont-Moret où arrivera également le Bataillon du 126ᵉ parti de Chatelraould.

Une compagnie de mitrailleurs Allemands avait été entièrement anéantie par nos 75 : Officiers et Soldats, tous étaient morts ou blessés. Sur le Plateau, gisaient pêle-mêle morts et blessés. Français et Allemands.

A 19 heures 30. tout le monde est en place.

La première partie de la Mission est remplie.

On se met immédiatement au travail. on ébauche des tranchées. afin de pouvoir remplir la seconde : se maintenir coûte que coûte.

La nuit tombe.

Une fois encore, les nôtres couchent sur les positions confiées à leur garde. Une fois encore, l'Allemand, la rage au cœur. doit renoncer à ces points d'appuis que trois jours durant il a attaqués sans relâche en répandant son sang sans compter.

Au cours de cette mémorable journée qui marque l'échec définitif des Allemands devant Vitry-le-François, les pertes avaient été lourdes, en Officiers surtout. Parmi eux le Colonel Aurousseau, commandant le 108ᵉ. Le valeureux Soldat. à la haute et forte stature. portant au cou la Croix de Commandeur et que les situations les plus graves ne troublaient pas. avait fièrement tenu la parole donnée. Dans l'après-midi, grièvement blessé, on le transportait à l'arrière ; je lui faisais rendre les Honneurs devant mon poste de commandement. Deux jours après il mourait de sa blessure. Ses deux fils, comme lui, sont tombés en héros.

Là-bas, au foyer vide, une femme seule, meurtrie, mais non brisée par tant de douleur, fière d'avoir donné à la France son époux, ses deux fils et devant laquelle nous nous inclinons avec respect.

Le soir on pouvait compter sur les doigts le nombre des Officiers du 108ᵉ. De toutes les unités, il ne restait que des débris. Le sacrifice était total ; mais « Ils ne sont pas passés. »

Commen exprimer ici ma reconnaissance envers ces Soldats qui ont fait le don entier de Soi, mon admiration devant tant de beauté, tant de grandeur, mon indicible fierté d'avoir commandé à de tels hommes.

Dans le même temps, des prodiges d'héroïsme étaient déployés par le 326ᵉ R. I. aux ordres du Commandant Larrieu sur le Mont-Moret.

Les Artilleurs soumis au feu écrasant des obusiers Allemands, qui exécutent sur certaines batteries des tirs de démolition précis et réglés, observés par les Drachens, montrèrent un héroïsme égal à celui des fantassins.

L'après-midi du 8, l'infanterie ennemie, arrivait à 200 mètres d'un groupe du 52ᵉ d'artillerie ; les balles claquent contre les boucliers et sifflent autour des pièces. Les servants prennent les mousquetons. Heureusement, l'attaque ennemie est vue d'un observatoire d'un autre groupe ; une batterie de ce groupe ouvre immédiatement le feu, sème le désordre et l'épouvante dans les rangs de l'adversaire, lui cause de grandes pertes et l'oblige à reculer.

En fin de journée, la 7ᵉ Batterie du 52ᵉ n'a plus qu'un seul canon. Les caissons sont presque tous détruits et, comme personnel, il ne reste que trois servants qui, faisant preuve du plus admirable sang froid. continuent à servir leur unique pièce.

Au 21ᵉ d'Artillerie. un des groupes n'a plus d'Officiers. On doit faire appel à un Régiment voisin pour assurer le Commandement de ce brave groupe éprouvé.

Au 34ᵉ d'Artillerie et au 2ᵉ d'Artillerie Lourde. les actes d'héroïsme se renouvellent. Là, le Capitaine Pons est grièvement blessé. Là, le Lieutenant Coulon est tué sur son canon au moment où il surveillait les appareils de pointage. Sur la route. un brigadier et cinq cyclistes. agents de liaison tombent en même temps figés dans la mort.

25 à 3o o/o de l'effectif des batteries lourdes tombent morts ou blessés.

Comment ne pas rappeler le courage tranquille des braves canonniers conducteurs qui. ravitaillant sous un tir de gros calibre ennemi. avaient conservé un calme imperturbable. et même plaisantaient avec les servants rivés à leurs pièces. Et cependant, tout le terrain autour des batteries était transformé en écumoire par les obus ennemis, tant le tir du 155 court était redouté par nos ennemis.

La nuit du 8 au 9 se passe sans incident.

JOURNÉE DU 9 SEPTEMBRE.

Le 9 au matin, le Général commandant la Division, dans un ordre général, exprime à ses belles troupes. son admiration et sa reconnaissance. Il leur demande de tenir le front inviolable comme la veille. comme l'avant-veille. comme le 6. pour briser les attaques désespérées de l'ennemi pendant que le 21ᵉ C. A. et la 23ᵉ Division d'Infanterie l'attaquent dans son flanc droit.

L'ennemi a mis en ligne tout son effectif. Les aviateurs ont fait connaître qu'il n'a plus de réserve devant nous. Le Général commandant la Division. confiant dans la valeur de ses héroïques Soldats. sûr d'eux. leur jette un cri d'espérance et de Victoire.

« Que chacun soit persuadé que la journée décidera du sort de l'Armée et du Pays. Ce soir, ce sera la Victoire. »

La journée, cependant, devait être terrible encore.

De l'est à l'ouest, le Front est tenu par le 326ᵉ et le 126ᵉ sur le Mont-Moret et par le 107ᵉ à Chatelraould.

En réserve : du Colonel Jacquot, le 108ᵉ, un Bataillon du 78ᵉ, 2 Compagnies du 326ᵉ, un Bataillon du 100ᵉ bivouaqué au sud du Château de Beaucamp. Le Gros du 100ᵉ à les Rivières est en réserve de Division.

Le génie de la Division, organise la ligne Château-Beaucamp cote 130. La compagnie du Génie de corps et des Troupes Territoriales, avaient déjà organisé la veille une position de résistance au Sud du bois de Saint-Louvent.

Dès la première heure du jour, l'ennemi attaque violemment le Corps colonial et soumet le Mont-Moret à un violent bombardement qui couvre tout le plateau. Bientôt le tir de l'ennemi devient terrible et le Commandant Larrieu écrit, qu'il n'en a pas vu de plus violent si ce n'est les 8, 9, et 19 Mars 1917 à Maisons-de-Champagne.

Pendant toute la journée, ce ne fut qu'un tir incessant d'obus de tous calibres. Il n'y a pas un abri, tous les coups portent. Les héroïques Soldats du 326ᵉ demeurent stoïques. Aucun homme ne quitte son poste.

Enfin l'ennemi lance son infanterie à l'assaut. Toutes ses attaques échouent devant l'inflexible résistance du 326ᵉ. Les vagues allemandes qui essaient de prendre pied sur le plateau, escaladent les pentes rapides, se découvrent à quelques mètres de la crête, sont fauchées par les mitrailleuses installées à l'angle Sud-Est du plateau, au-dessus de la Ferme du Mont-Moret. A la fin de la journée, une compagnie était tout entière à son emplacement, sur le Mont-Moret, mais les trois-quarts étaient morts.

Le Lieutenant Cros se présente le soir avec trois hommes, au Commandant Larrieu : « Mon Commandant, je vous conduis trois hommes, c'est tout ce qui reste de ma section, les autres sont tous morts à leur poste ; que dois-je faire ? »

La violence du feu des deux artilleries s'accroît et devient telle que les deux infanteries ne peuvent plus agir sur le plateau. Les premières lignes adverses installées dans des tranchées ébauchées sont saisies par le souffle asphyxiant des projectiles.

Français et Allemands, ceux-ci jaunis par la mélinite, demeurent après leur mort, dans l'attitude du combat.

Le spectacle est impressionnant de ces hommes se défiant jusque dans la mort.

A gauche et au centre on se bat toute la journée sur les mêmes emplacements à la cote 130, au Château Beaucamp et à Chatelraould.

La lutte se poursuit avec âpreté, aussi ardente des deux côtés jusque vers 14 heures. A ce moment, les Allemands laissent percer des signes de lassitude. Leurs attaques s'espacent, sont poussées moins à fond, puis l'infanterie n'agit plus, même par le feu, et seule l'artillerie canonne nos positions avec une intensité telle que tout mouvement devient impossible.

Vers 18 heures, après un court réglage, l'artillerie lourde allemande effectue sur les abords de l'Eglise de Chatelraould un bombardement terrible qui dure une heure.

En fin de journée la situation n'avait pas changé.

JOURNÉE DU 10 SEPTEMBRE.

L'ensemble des renseignements recueillis durant la journée du 9 Septembre, et la nuit du 9 au 10, laissent deviner chez les Allemands l'intention de rester défensifs devant Vitry-le-François afin de porter le maximum de leurs forces vers l'ouest de cette Ville où ils pressentaient une attaque prête à partir.

Pour contrarier cette manœuvre, le Général, commandant l'Armée, décide de faire appuyer l'attaque d'aile menée par le 21ᵉ Corps d'Armée et la 23ᵉ Division d'Infanterie, par une attaque frontale du 17ᵉ Corps d'Armée et de la 24ᵉ Division d'Infanterie.

Où prononcer cette dernière attaque qu'il faut pousser à fond pour assurer une action décisive à l'attaque débordante?

Devant Chatelraould et en direction de la route de Blacy?

Il semble qu'une opération dans cette partie du Secteur ne puisse prétendre à de sérieux progrès. Les Allemands tiennent solidement le terrain coupé d'obstacles, bouleversé par l'artillerie et sur lequel ils se battent depuis le 6 Septembre.

A l'ouest de Chatelraould, dans le terrain libre entre le 17ᵉ Corps d'Armée et le champ de bataille des jours précédents?

C'est là que le Général, commandant la 24ᵉ Division décide d'attaquer.

L'offensive sera menée par le Commandant de la 48ᵉ Brigade disposant du 100ᵉ et d'un certain nombre de bataillons du 2ᵉ Corps d'Armée (91ᵉ, 272ᵉ, 328ᵉ Régiments). En même temps, le Commandant de la 47ᵉ Brigade attaquera à 13 heures sur la croupe 130 et le village de Courdemanges avec les 107ᵉ, 108ᵉ, 126ᵉ et 78ᵉ. Toute l'artillerie de campagne et l'artillerie lourde, prennent leurs dispositions pour préparer et accompagner l'attaque.

A gauche, dès le matin, la 48ᵉ Brigade se rassemble, exécute sa marche d'approche. A midi, les unités sont soumises à des feux d'artillerie. Elles continuent néanmoins leur progression, vers le Nord, pénétrant dans la zône d'action de l'Infanterie ennemie établie dans le fond de la Cense de la Borde et le long de la voie ferrée de Vitry à Sompuis. Les pertes deviennent lourdes.

Le colonel Vernet, commandant le 100ᵉ, le Lieutenant-colonel, commandant le 272ᵉ et le Général Dubois, commandant la 48ᵉ Brigade, sont blessés : les unités résistent. Il faut réorganiser sur l'heure le commandement des Régiments et de la Brigade, réorganiser les unités.

Au centre : l'attaque de la 47ᵉ Brigade se déclanche à 13 h.

ayant pour objectif la cote 130, Montilleux et Courdemanges.

Nos troupes abordent les positions ennemies. en culbutent les défenseurs. et finalement réoccupent, à 18 heures. la cote 130 et Montilleux.

A droite au Mont-Moret les positions du 326e sont dès le matin furieusement canonnées.

On n'apercevait plus rien sur le Mont-Moret complètement masqué par la fumée des éclatements. Le bombardement est terrible. A plusieurs reprises. l'ennemi tente de donner l'assaut. mais la section de mitrailleuses Farrail. installée à mi-pente au S.-E. du plateau en tirant sur des masses qui montaient les pentes à 500 mètres de là put les arrêter toutes les fois en leur faisant subir de lourdes pertes.

Sur la voie ferrée. on dût lancer plusieurs contre-attaques partielles qui réussirent complètement tandis que le 326e maintient solidement ses positions.

La violence du bombardement dans l'après-midi avait été intense : fantassins et artilleurs avaient été lourdement éprouvés.

Le soir. à 8 heures. des agents du service des renseignements se présentent au Général commandant la 24e D. I. Ils ont mission d'aller à Vitry. Le Général les fait accompagner aux avant-postes. A leur retour à 10 heures. ils rendent compte qu'il se fait à Vitry d'importants débarquements.

Aussitôt le Commandant de la Division donne au Colonel. commandant l'artillerie lourde. l'ordre de ramener en position. au Sud du Mont-Moret. l'unique pièce qui restait et d'ouvrir le feu sur la gare de Vitry.

Deux pièces purent être installées et remplir cette mission empêchant les embarquements des Allemands.

Quelle conséquence eut eu la communication du renseignement exact — non de débarquement mais d'embarquement à Vitry ? — L'ordre de poursuite eut été lancé aussitôt le 9 Septembre, à 10 h.. et l'ennemi talonné n'aurait pu se retirer qu'au prix de gros sacrifices d'hommes et de matériel.

Pendant la nuit (du 10 au 11), le 108ᵉ devant Courdemanges est violemment attaqué par le 21ᵉ R. I. Mouvement
effectué pour masquer la retraite.

JOURNÉE DU 11 SEPTEMBRE.

Dès 4 heures du matin, les patrouilles de l'escadron Divisionnaire signalent Courdemanges en feu et vide d'ennemi.

Le calme est complet sur tout le front.

Le Commandant de la Division d'Infanterie donne l'ordre au Commandant de la 48ᵉ Brigade de marcher en direction de la Cense du Puits ; au Commandant de la 47ᵉ vers
Courdemanges, Huiron, Glannes.

Puis, à 9 h. 35, le Général de la Division, du carrefour
situé à l'est de Huiron, donne l'ordre général pour la poursuite.

Le 21ᵉ chasseurs franchissant la Marne se rendra à
Saint-Amand. Les 47ᵉ et 48ᵉ Brigades feront franchir la
Marne à leurs avant-gardes aux ponts de Couvrot et de
Soulanges et les installeront sur la rive droite.

En fait, le temps est exécrable, les liaisons difficiles, les
troupes harassées. La cavalerie abandonne son objectif le
Fion à Saint-Amand, va cantonner à Vitry, et les deux
Brigades stationnent sur la rive gauche, leur tête à la Marne.

Le Quartier Général de la D. I. vient à Blacy.

C'est au carrefour de Huiron que le Général, commandant la 48ᵉ D. I. reçut la lettre du Lieutᵗ de Bourguesdon du
21ᵉ d'Infanterie coloniale, portant la suscription : « Au pre-
mier Officier français qui s'approchera de Vitry-le-François ».

Ce pli avait été remis par Monsieur l'Archiprêtre de
Vitry au Maréchal-des-Logis, commandant une patrouille
de l'Escadron Divisionnaire.

Les ponts sont minés.

Ordre est aussitôt donné au Commandant de la compagnie du génie de corps appuyée par deux compagnies d'in-

fanterie de se rendre, au plus vite à Vitry et de décharger
les fourneaux de mines (1).

JOURNÉE DU 12 SEPTEMBRE.

Après avoir assuré la mise en marche des colonnes vers
le Nord-Est, le Commandant de la Division, se rendit de sa
personne à Vitry : c'est là que pour la première fois il eut
l'honneur de vous rencontrer, Monsieur l'Archiprêtre, et que
profondément ému, saisi d'un indicible sentiment de fierté,
il vous entendit lui rapporter ces paroles des Officiers Allemands à la sœur de l'hôpital qui, à votre demande, vint les
répéter : « *Ici, à Vitry, nous sommes trop faibles. Il y a
devant nous, au Mont-Moret, une forteresse nouvelle non
portée sur la carte.* »

Déjà, le 8 au soir, le Sous-Lieutenant Lehmann, Ancien
Major de l'Ecole Polytechnique, qui devait être tué le lendemain, interrogeait, devant son Commandant de groupe,
trois blessés allemands, qu'ils avaient ramenés. L'un des
Allemands, blessé et recueilli, disait au Lieutenant-Colonel :

« *Maintenant, il me semble que la guerre est perdue,
mais, nous Allemands, nous conserverons à l'Empereur
Guillaume notre amour et notre respect parce qu'il a fait
cette guerre pour la richesse et la puissance de l'Allemagne,
pour imposer sa domination sur toute l'Europe et par là
sur le Monde. Nos officiers nous ont dit qu'on ne leur avait
jamais fait connaître que les Français avaient des forts
dans la région sud de Vitry et une organisation d'artillerie
aussi formidable que celle que nous avons rencontrée.* »

Messieurs, de forteresse au Mont-Moret il n'y avait
point, mais seulement la poitrine de nos Soldats.

L'aveu d'orgueil et d'impuissance des Allemands est tout

-----

(1) Ce détachement est placé sous les ordres du Capitaine Breveté
Bret, de l'Etat-Major de la 24e Division d'Infanterie.

à la gloire des héroïques défenseurs du Mont-Moret, de Courdemanges et de Chatelraould.

Les Soldats du 326ᵉ qui ont conquis le Mont-Moret et en ont assuré la garde ont mérité par leur héroïque sacrifice que l'inscription « Mont-Moret » figure en lettres d'or sur le Drapeau du Régiment.

Telle fut la Bataille.

Assaillants, du 6 au 9 Septembre, les Allemands ont été assaillis à leur tour le 10. Usés en quatre journées sanglantes, par la ténacité de nos Soldats, ils n'ont pu résister au choc. C'était la Victoire.

La 24ᵉ Division d'Infanterie, pivot de la manœuvre conçue par le Commandant de l'armée, a eu à résister, pendant cinq jours, aux attaques les plus violentes, aux assauts acharnés de l'ennemi.

Comment l'Allemand, enfiévré par les succès, exalté par la pensée que dans trois jours il serait à Paris, soutenu par une organisation puissante et une artillerie lourde écrasante, n'est-il pas parvenu à briser la résistance de ces hommes accrochés aux lisières battues de Huiron, de Courdemanges, de Chatelraould, ou agenouillés à grand peine dans les tranchées ébauchées du Mont-Moret ! Ah, Messieurs ! comme on l'a si bien dit, c'est qu'au sauvage *vouloir* des autres, ils ont opposé leur suprême volonté : « Ils ne passeront pas », disait, dès le 6, le Colonel Aurousseau. Splendide leçon de volonté, de courage et d'énergie.

Le 10 au soir, c'est la Victoire.

* *

Des hauts faits en ces journées, il y en eut par milliers, qui donc les connaîtra jamais tous ? Il faudrait de longues heures pour lire les admirables citations qui témoignent des actes d'héroïsme accomplis.

Nos Soldats ont été splendides ; moi, leur Chef, je ne puis les magnifier assez et dire toute l'admiration que j'ai pour eux, ma fierté d'avoir commandé à de telles troupes.

J'ai un autre devoir, celui de saluer très bas les Officiers qui les ont conduits.

Par leur volonté, leur énergie, leur haut sentiment du devoir, leur magnifique abnégation et leur superbe exemple, ils ont maintenu, d'abord, puis entraîné leurs hommes.

Honneur aux Officiers de la Marne. Ils avaient été les éducateurs de ces magnifiques Soldats avant de les mener à la Bataille, à la Victoire.

Parmi eux se détache la belle figure du Général Jacquot, digne de demeurer dans l'Histoire. On ne saura jamais assez quels services le Général Jacquot a rendus au pays durant ces journées et particulièrement le 8 Septembre 1914.

S'il avait été accessible au découragement, à un moment de défaillance devant la situation critique de ses ailes (Cote 130, Mont-Moret), c'en était fait. L'irréparable s'accomplissait, puisque la 24ᵉ Division ne pouvait compter sur aucun renfort.

Par sa mâle énergie et le merveilleux emploi qu'il a fait des Unités sous ses ordres, il a dominé les situations les plus critiques et rétabli chaque fois les choses.

Je voudrais citer d'autres noms. Ils se pressent en foule sur mes lèvres. Il me faudrait vous les donner tous ! Oui, les noms de tous ceux qui ont si héroïquement combattu ici.

A l'hommage rendu aux Soldats tombés avec tant de grandeur et d'héroïsme devant Vitry, je joins celui qui du fond de notre cœur va aux Enfants de Vitry, morts pour la France.

Pendant ces rudes journées, ils combattaient à nos côtés, à Rembercourt et à la ferme de Vaux-Marie et s'illustraient en arrêtant les furieux assauts de l'ennemi. Vitry est fière de ses fils.

MESSIEURS,

Nous sommes ici pour *le Souvenir*, pour *la Prière*, pour *l'Espérance*,

Le souvenir pour se perpétuer, a besoin de s'accrocher aux pierres des tombeaux, aux croix et aux dômes des chapelles, aux cîmes des monuments que la reconnaissance du Pays a fait se dresser sur le sol de chaque commune de France.

Vous l'avez compris, Messieurs du Comité de Vitry.

Vous avez recueilli les ossements jaunis et desséchés épars dans vos campagnes, relevé les corps ensevelis dans les tombes creusées hâtivement au soir de la bataille. Vous les avez portés pieusement dans ce cimetière, où ils reposent auprès des Enfants de Vitry. Belle et grande pensée que d'avoir réuni dans la mort, ceux qui sur le front, vivaient dans une étroite union.

Vous n'avez pas voulu seulement leur donner des tombeaux. Dans votre Foi patriotique, vous avez tenu à ériger, en leur honneur cette *Chapelle Héroïque*, où les mères, les épouses, les filles et les fiancées, les pères et les fils aussi, viendront s'agenouiller pour la prière.

Ici, bien des larmes couleront, bien des sanglots ne pourront être contenus ! Oh, mères, dont les cœurs sont brisés par la souffrance et dont les lèvres tremblantes s'entr'ouvrent pour la prière, vos yeux s'embuent de larmes. Elles nous disent votre douleur, mais leur cristal brillant laisse percer votre fierté.

Pères, nous ne pleurons pas nos fils ! Nous les honorons. Nous venons apprendre sur leurs tombes, comment ils savaient mourir : debout et le sourire aux lèvres.

Français, nous nous penchons sur toutes ces tombes, pour en percer le silence et par delà les cercueils légers, entendre la voix des martyrs.

Ecoutez : « Nous avons accepté tous les sacrifices, supporté toutes les souffrances, enduré tous les tourments, subi toutes les tortures. Etendus sur le sol, gisant dans le sang qui coulait de nos blessures, seuls, au cours de notre longue et cruelle agonie nous avons attendu la mort dans d'indicibles souffrances. Alors que les obus, les balles et la mitraille passaient par dessus nos membres déchirés, notre dernière pensée allait là-bas, vers nos mères, nos femmes. nos fiancées, et notre dernier regard se tournait vers le Ciel notre unique espérance.

« Nous sommes morts, pour que vous viviez, pour que la paix, la joie et le bonheur s'assoient à nos foyers, pour que la France soit libre, grande, belle et que par elle, rayonnent dans le monde les idées de Droit, de Justice, de Liberté, de Fraternité.

« Nous étions tous unis au front. Comme nous, soyez unis. Nous sommes demeurés forts. Comme nous, restez forts. Nous avons gardé toujours une confiance inébranlable dans le Succès, dans la Victoire. Comme nous, ayez toujours confiance. »

De toutes ces tombes, s'élève un cri, toujours le même. celui, Monseigneur, dont vous vous faisiez l'écho, l'an dernier, à la Haute Chevauchée : *Sursum Corda*.

Oui. Messieurs, Haut les Cœurs. Toujours plus haut pour la France, pour la Patrie.

IMP. CENTRALE, — Vitry-le-François

www.ingramcontent.com/pod-product-compliance
Ingram Content Group UK Ltd.
Pitfield, Milton Keynes, MK11 3LW, UK
UKHW022316170726
13837UKWH00005BA/2020